L6 49/51.

DE L'ABOLITION

DE

LA CENSURE.

LE NORMANT FILS, IMPRIMEUR DU ROI,
rue de Seine, n°, faubourg Saint-Germain.

DE L'ABOLITION

DE

LA CENSURE.

PAR

M. le Vicomte De Chateaubriand,

PAIR DE FRANCE.

PARIS.

LE NORMANT PÈRE, LIBRAIRE,

RUE DE SEINE, N° 8,

1824.

DE L'ABOLITION
DE
LA CENSURE.

Je comptois publier quelques autres écrits faisant suite à ma brochure contre la censure; brochure que cette même censure n'avoit pas permis d'annoncer dans les journaux. Combien je me trouve heureux de voir les armes brisées dans ma main! de changer mes remontrances, importunes aux ministres, en cantiques de louanges pour le Roi!

Nous devions tout attendre du principe de la vieille monarchie, de cet honneur assis sur le trône avec Charles X : notre espérance n'a point été vaine. La censure est abolie : l'honneur nous rend la liberté !

Puisse-t-il être récompensé du bonheur dont il nous fait jouir, notre excellent Monarque! Mettons aussi nos vœux aux pieds du Dauphin dont nous reconnoissons et la puissante influence et les sentimens généreux : c'est toujours le Prince libérateur !

La Charte est ce qu'il nous falloit; la Charte est ce que nous pouvions avoir de meilleur au moment de la restauration. Une fois admise, il se faut bien persuader qu'elle est inexécutable avec la censure : il y a plus, la censure mêlée à la Charte produiroit tôt ou tard une révolution. Voici pourquoi :

Le gouvernement représentatif sans la liberté de la presse, est le pire de tous: mieux vaudroit le Divan de Constantinople. Lâche moquerie de ce qu'il y a de plus sacré parmi les hommes, ce gouvernement n'est alors qu'un gouvernement traître qui vous appelle à la liberté pour vous perdre, et qui fait de cette liberté un moyen terrible d'oppression.

Supposez, ce qui n'est pas impossible, qu'un ministère parvienne à corrompre les Chambres législatives; ces deux énormes machines broieront tout dans leur mouvement, attirant sous leurs roues et vos enfans et vos fortunes. Et ne pensez pas qu'il faille un ministère de génie pour s'emparer ainsi des Chambres : il ne faut que le silence de la presse et la corruption que ce silence amène.

Dans l'ancienne monarchie absolue, les corps privilégiés et la haute magistrature arrêtoient et pouvoient renverser un ministère dangereux. Avez-vous ces ressources dans la monarchie représentative? Si la presse se tait, qui fera justice d'un ministère appuyé sur la majorité des deux Chambres? Il opprimera également et le Roi et les tribunaux et la nation : sous le régime de la censure, il a deux manières de vous perdre; il peut, selon le penchant de son système, vous entraîner à la démocratie ou au despotisme.

Avec la liberté de la presse, ce péril n'existe pas : cette liberté forme en dehors une opinion nationale qui remet bientôt les choses dans l'ordre. Si cette liberté avoit existé sous nos premières assemblées, Louis XVI n'auroit pas péri; mais alors les écrivains révolutionnaires parloient seuls, et on envoyoit à l'échafaud les écrivains royalistes. J'ai lu, il est vrai, dans une brochure en réponse à la mienne, que Sélim, Mustapha et Tipoo-Saëb étoient tombés victimes de la liberté de la presse : à cela, je ne sais que répondre.

La liberté de la presse est donc le seul contrepoids des inconvéniens du gouvernement représentatif; car ce gouvernement a ses imperfections comme tous les autres. Par la liberté de la presse, il faut entendre ici la liberté de la presse périodique, puisqu'il est prouvé que quand les journaux sont enchaînés, la presse est dépouillée de cette influence de tous les momens, qui lui est nécessaire pour éclairer. Elle n'a jamais fait de mal à la probité et au talent; elle n'est redoutable qu'aux médiocrités et aux mauvaises consciences : or, on ne voit pas trop pourquoi celles-ci exigeroient des ménagemens, et quel droit exclusif elles auroient à la conduite de l'Etat.

Cette nécessité de la liberté de la presse, est d'autant plus grande parmi nous, que nous commençons la carrière constitutionnelle; que nous n'avons point encore d'existences sociales très-décidées; qu'il y a encore beaucoup de chercheurs de fortune, et que les ministres arrivent encore un peu au hasard. Il faut donc surveiller de près, pour le salut de la couronne, les hommes inconnus qui pourroient surgir au pouvoir, par un mouvement non encore régularisé.

On dit que la censure est favorable aux écrivains, qu'elle les décharge de la responsabilité, qu'elle les met à l'abri d'une loi sévère. Est-ce de l'intérêt particulier des écrivains dont il s'agit, relativement à la liberté de la presse dans l'ordre politique? Cette liberté doit être considérée dans cet ordre par rapport aux intérêts généraux, par rapport aux citoyens, par rapport à la société tout entière : c'est une liberté qui assure toutes les autres dans les gouvernemens constitutionnels. Quand donc vous venez nous entretenir d'ouvrages et d'auteurs, vous confondez la littérature et la politique, la critique et la censure, et vous ne comprenez pas un mot de la chose dont vous parlez.

D'autres, soulevés contre la manière brutale dont on exerçoit la censure, n'en admettoient pas moins le principe ; ils auroient établi seulement une oppression douce et tempérée. On avoit mis la liberté de la presse au carcan ; ils ne vouloient que l'étrangler avec un cordon de soie.

D'autres, cherchant des motifs à la censure, et n'en trouvant pas de raisonnables, prétendoient qu'ayant peut-être à examiner, à la session prochaine, les moyens propres à cicatriser les dernières plaies de l'Etat, la censure seroit nécessaire, pour empêcher la voix des passions étrangères de se mêler à la discussion de la tribune.

Et moi, je demanderai comment on pourroit agiter de telles questions sans la liberté de la presse : faut-il se cacher pour être juste ? votre cause ne deviendroit-elle pas suspecte, ne calomnieroit-on pas vos intentions, si vous croyiez devoir traiter dans l'ombre et comme à huis-clos des affaires qui sont de la France entière ? Ouvrez au contraire toutes les portes ; appelez le public, comme un grand jury, à la connoissance du procès ; vous verrez si nous rougirons de plaider la cause de la fidélité malheureuse, nous qui parlons franchement de liberté sans que ce mot nous blesse la bouche. Et depuis quand la religion et la justice auroient-elles cessé d'être les deux bases de la véritable liberté ? Soyons francs sur les principes de la Charte, et nous pourrons réclamer, sans qu'on nous suppose d'arrière-pensée, ce que l'ordre moral et religieux exige impérieusement d'une société qui veut vivre.

Le dernier essai que l'on vient de faire a heureusement prouvé qu'il n'étoit plus possible d'établir la censure parmi nous ; nous avons fait de tels progrès dans les institutions constitutionnelles, que les censeurs même n'ont pas osé se nommer. D'un bout de la France à l'autre, toutes les opinions ont réclamé la liberté de la presse : par la raison qu'on en avoit joui paisiblement deux années, et qu'il étoit démontré, d'après l'expérience tentée pendant la guerre d'Espagne, que cette liberté ne nuisant à rien, étoit propre à tout : c'étoit un droit acquis dont on ne sentoit pas le prix tandis qu'on le possédoit, mais dont on a connu la valeur aussitôt qu'on l'a perdu.

Désormais nos institutions sont à l'abri : nous allons marcher d'un pas ferme dans des routes battues. Dix années ont amené de grands changemens dans les esprits : des préjugés se sont effacés, des haines se sont éteintes ; le temps a emporté des hommes, tandis que des générations nouvelles se sont formées sous nos nouvelles institutions. Chacun prend peu à peu sa place, et l'on détourne les yeux d'un passé affligeant, pour les porter sur un riant avenir.

L'abolition de la censure a dans ce moment surtout un avantage qu'il est essentiel de signaler. Nous pouvons louer nos Princes sans entraves ; nous pouvons déclarer notre pensée, sans que l'on puisse dire que la manifestation de cette pensée n'est que l'expression des ordres de la police. Il faut que l'Europe sache que tout est vrai dans les sentimens de la France, que les opinions sont unanimes, que les oppositions même se rencontrent au pied du trône pour l'appuyer et le bénir. Louis XVIII étend ses bienfaits sur nous au-delà de sa vie : il termina la révolution par la Charte ; il reprit le pouvoir par la guerre d'Espagne ; et sa mort, objet de si justes regrets, a pourtant consolidé la restauration, en mettant un règne entre les temps de l'usurpation et l'avènement de Charles X.

Depuis un mois, cette restauration a avancé d'un siècle ; la monarchie a fait un pas de géant. Quel triomphe complet de la légitimité, et de ce qu'il y a d'excellent dans ce système ! Un Roi meurt, le premier Roi légitime qui s'étoit assis sur le trône, après une révolution de trente années. Ce Roi gouverne avec sagesse ; mais ceux qui ne comprenoient pas la force de la légitimité, mais les passions comprimées, mais les vanités déçues, mais les ambitions secrètes, mais les intérêts, les jalousies politiques murmuroient tout bas : « Cet état » de choses pourra durer pendant la vie » de Louis XVIII; mais vous verrez au » changement de règne. »

Hé bien, *nous avons vu!* nous avons vu un frère succéder à un frère; de même qu'un fils remplace un père dans le plus tranquille héritage. A peine s'aperçoit-on qu'on a changé de souverain. Un des plus grands événemens dans les circonstances actuelles, s'accomplit avec la plus grande simplicité. Comme dans une succession ordinaire, on lève les scellés : ce n'est rien; ce n'est que la couronne de France qui passe d'une tête à une autre! ce n'est que le sceptre de saint Louis que Charles X prend au foyer de Louis XVIII!

Entend-on parler de quelque réclama

tion? Où sont les prétendans de la République et de l'Empire? Est-il dans le monde une puissance qui ait envie de contester le trône au nouveau Roi? A-t-il fallu des hérauts d'armes, des bruits de tambours et de trompettes, des parades et des jongleries, un développement imposant de la force militaire, pour dérober à la foule ébahie ce que le droit d'un usurpateur a de douteux? Nullement. LE ROI EST MORT: VIVE LE ROI! Voilà tout, et chacun vaque à ses affaires l'esprit libre, le cœur content, sans craindre l'avenir, sans demander : « Qu'arrivera-t-il demain ? » Le pouvoir protecteur, la puissance politique n'a point péri, la société est en sûreté ; et la succession légitime de la Famille royale garantit à chaque famille, en particulier, sa succession légitime.

Que sont devenues toutes ces allusions,

pour le moins téméraires, au sort d'un prince étranger? où trouver la moindre ressemblance dans les choses, les temps et les souverains? Ces mouvemens d'humeur que l'on prenoit pour des intuitions de la vérité, pour des enseignemens historiques, s'évanouissent devant les faits et les vertus, et jamais les vertus ne furent plus évidentes, et les faits plus décisifs.

Si la royauté triomphe, le Roi ne triomphe pas moins. Charles X s'est élevé au niveau de sa fortune; il a montré qu'il connoissoit les mœurs de son siècle, qu'il prenoit la monarchie telle que le temps et les révolutions l'ont faite. Il a dit aux magistrats de continuer à être justes et à prononcer avec impartialité; il a dit aux pairs et aux députés qu'il maintiendroit comme Roi la Charte qu'il avoit jurée comme sujet, et il a tenu sa parole, et il nous a rendu la plus précieuse de nos libertés; il a dit aux Français de la confession protestante, que sa bienveillance s'étendoit également sur tous ses sujets; il a dit aux ministres du culte catholique, qu'il protégeroit de tout son pouvoir la religion de l'Etat, la religion, fondement de toute société humaine; il a recommandé cette même religion comme base de l'éducation publique. Toutes ces paroles qui sont de véritables actes politiques, ont enchanté la nation. Charles X peut se vanter d'être aujourd'hui aussi puissant que Louis XIV, d'être obéi avec autant de zèle et de rapidité que le souverain le plus absolu de l'Europe.

Pour savoir où nous en sommes de la monarchie, il faut avoir vu le Monarque se rendant à Notre-Dame, tout un grand peuple, malgré l'inclémence du temps, saluant avec transport ce *Roi à cheval*, qui s'avançoit lui-même au-devant de ses plus pauvres sujets pour prendre de leurs mains leurs pétitions avec cet air qui n'appartient qu'à lui seul; il faut l'avoir vu au Champ-de-Mars au milieu de la garde nationale, de la garde royale et de trois cent mille spectateurs : jour de puissance et de liberté qui montroit la couronne dans toute sa force, et qui rendoit à l'opinion ses organes et son indépendance. Un Roi est bien placé au milieu de ses soldats, quand il départ à ses peuples tout ce qui contribue à la dignité de l'homme! L'épée est pour lui : elle pourroit tout détruire, et il ne s'en sert que pour conserver! Aussi l'enthousiasme n'étoit pas feint : ce n'étoient pas de ces cris qui expirent sur les lèvres du mendiant payé, chargé sous les tyrans d'exprimer la joie, ou plutôt la tristesse publique ; c'étoient des cris qui sortent du fond de la poitrine, de cet endroit où bat le cœur avec force, quand il est ému par l'amour et la reconnoissance.

Ceux qui ont connu d'autres temps se rappeloient une fête bien différente au Champ-de-Mars : la monarchie finissoit alors; aujourd'hui elle recommence. Est-ce bien là le même peuple? Oui, c'est le même ; mais le peuple guéri, le peuple désabusé. Il avoit cherché la liberté à travers des calamités inouïes, et il n'avoit rencontré que la gloire : ses Princes légitimes devoient seuls lui donner le bien que des tribuns factieux et un despote militaire lui avoient dérisoirement promis.

Si les bénédictions du peuple, comme il n'en faut pas douter, attirent celles du Ciel, elles ont descendu sur la tête du Souverain et de la Famille royale. Jamais la France n'a été plus heureuse, plus glorieuse et plus libre que dans ce jour mémorable. Mais à la vue de cette Famille en deuil au milieu de tant d'allégresse, la pensée se tournoit avec attendrissement vers cet autre Monarque qui n'est point encore descendu dans la tombe; l'aspect d'une multitude affranchie de tout esclavage, et protégée par de généreuses institutions, rappeloit encore le souvenir de l'auguste auteur de la Charte. Quel pays que cette France! les villes apportent leurs clefs au lit funèbre de ses généraux, et les peuples rendent hommage de leur liberté au cercueil de ses Rois!

www.ingramcontent.com/pod-product-compliance
Lightning Source LLC
Chambersburg PA
CBHW061522040426
42450CB00008B/1740